AF340946

FEMME ET MAITRESSE,

COMÉDIE EN UN ACTE, MÊLÉE DE COUPLETS,

Par M. Léon Guillard;

REPRÉSENTÉE POUR LA PREMIÈRE FOIS SUR LE THÉATRE DU VAUDEVILLE, LE 8 JUIN 1837.

PERSONNAGES.	ACTEURS.	PERSONNAGES.	ACTEURS.
LÉON.	M. Gustave.	AGATHE.	Mme Taigny.
ADOLPHE.	M. Bardou.	Mme DUROULEAU.	Mme Guillemin
DUROULEAU	M. Lemen ( )	UN DOMESTIQUE.	M. Ludovic.
JOSÉPHINE.	Mlle Mayer.	UNE MODISTE.	Mlle Élisa.

Toutes les indications sont prises de droite et de gauche du public.

Le théâtre représente un salon. Au fond, une porte conduisant au dehors. A droite, la chambre d'Agathe. A gauche, la chambre de Joséphine. Au premier plan, à gauche, une table avec plusieurs écrans, couleurs, pinceaux, etc. A droite, une autre table avec plumes, papier, etc. Plus haut, une cheminée; au-dessus, une petite glace. Dans le fond, plusieurs devans de cheminée. Chaises et fauteuils.

SCÈNE PREMIÈRE.

AGATHE, *travaillant au coin du théâtre à gauche;* DUROULEAU.

DUROULEAU, *en dehors.* Fort bien !.. je suis à vous... un moment... je n'ai pas de jambes à la vapeur... attendez donc !

AGATHE. Déjà de retour de votre partie de cheval ?

DUROULEAU. Nous ne sommes pas en route seulement... Oh! les femmes, ça n'est jamais en mesure... ça oublie ou perd toujours quelque chose... Mais je m'amuse à converser avec vous, et l'on m'attend pour partir... Vite, je vous en prie, l'ombrelle, l'ombrelle !

AGATHE, *la prenant sur une chaise.* Tenez.

DUROULEAU. Quoi donc encore?.. oh ! la cravache... pour mademoiselle.

AGATHE , *la prenant sur la table.* La voilà !

DUROULEAU. Fort bien.... je cours.... ouf!.. et les éperons pour M. Adolphe.... (*Il les prend sur la cheminée.*) Ai-je tout?.. oui... Etourdi... et sa bourse ?..

AGATHE. Où est-elle ?

DUROULEAU. Sur la table... à ce qu'il m'a dit...

AGATHE ,*après avoir regardé.* Il se trompe.

DUROULEAU. Il m'a assuré pourtant.... enfin c'est égal, j'ai la mienne... entre jeunes gens!.... Au revoir, mademoiselle Agathe, serviteur... Oh ! imbécile.... et l'amazone... (*il le prend sur un fauteuil*) l'indispensable... Je suis d'une légèreté... Me voilà au complet maintenant... courons à toutes jambes... Aïe.... aïe.... ma femme !..

◦◦◦◦◦◦◦◦◦◦◦◦◦◦◦◦◦◦◦◦◦◦◦◦◦◦◦◦◦◦◦◦◦

SCENE II.

AGATHE, Mme DUROULEAU , DU-ROULEAU.

Mme DUROULEAU. J'étais sûre de vous trouver ici.

DUROULEAU, *posant tout sur un fauteuil.* N'est-il pas naturel que je vienne chez mes artistes?

Mme DUROULEAU. Vos artistes !... vous moquez-vous de moi?

DUROULEAU. Certainement... Mlle Joséphine est une artiste du premier numéro... et quelque chose de plus peut-être... Toutes ces jolies figures qui ont fait la fortune de mes écrans, de mes devans de cheminée... eh bien! tout cela sort de son pinceau...

Mme DUROULEAU. Servez-vous de son talent... à merveille !.. ça fait aller le commerce.... mais n'allez pas poser auprès d'elle en soupirant... ridicule... Fi! c'est honteux pour vous et pour elle... Mlle Agathe à la bonne heure... je vous laisserais toute la journée à ses côtés... ça représente la vertu autrement qu'en peinture... mais sa cousine !..

DUROULEAU. Sa cousine est une jeune personne qui ira loin.

Mme DUROULEAU. Trop loin peut-être.

DUROULEAU. J'ai de grandes vues sur elle... Au surplus, je ne faisais que d'arriver.

Mme DUROULEAU. A d'autres !

DUROULEAU. Et je m'en vais.

Mme DUROULEAU. Où donc?

DUROULEAU. Où?.. bonjour... on m'attend.

Mme DUROULEAU. Qui ?

DUROULEAU. Qui?.. serviteur.

Mme DUROULEAU. Oh! tu ne m'échapperas pas... je connais tes desseins, et je m'attache à toi...

DUROULEAU. Mais c'est monstrueux... c'est illégal... Comment! il ne me sera pas permis à mon âge de faire quatre pas sans vous traîner à ma remorque?

Mme DUROULEAU. Traîner... qu'est-ce à dire... c'est bien vous plutôt... Traîner !

DUROULEAU. Allons, ne te fâche pas, Nina... c'est un terme matrimonial... et je te proteste...

Mme DUROULEAU. Non !

DUROULEAU. Ecoute-moi.

Mme DUROULEAU. Non.

DUROULEAU. Ma Nina !

Mme DUROULEAU. Non, non, non !

DUROULEAU. Mon ange, ma toute belle.

Mme DUROULEAU. Je suis sourde !

DUROULEAU. Au fait... tu cries assez... pour...

Mme DUROULEAU, *lui donnant un soufflet.* Insolent !

DUROULEAU. Elle m'a entendu... ça me rassure.

Mme DUROULEAU.

AIR *des Poletais.*

Ah ! n'espérez pas,
Lovelace,
Eviter ma trace ;
Malgré vos éclats,
Je vais m'attacher à vos pas.
Plus de rendez-vous,
Désormais vous n'aurez, beau sire,
Qu'ennuis et dégoûts,
Je serai toujours près de vous ;
Et tenez-vous bien,
Car si l'on cherche à me séduire....

DUROULEAU.

Ah! vous voulez rire,
Ni vous ni moi ne risquons rien.

ENSEMBLE.

DUROULEAU.

Ne pourrai-je, hélas!
Lovelace,
Eviter sa trace,
Et de ses éclats
Dois-je gémir à chaque pas?

AGATHE.

Ah ! de ses éclats
Il se lasse
Et veut fuir sa trace ;
Mais sa femme est là
Qui toujours le rattrapera.

M. et Mme Durouleau sortent.

SCENE III.

AGATHE, *seule.*

Toujours quelques désagrémens... Ah! Joséphine, mes conseils ne pourront-ils jamais te corriger?

Air *de Téniers.*

Au milieu des bals et des fêtes
Toujours empressée à courir,
Malgré des sentimens honnêtes,
Sur elle j'entends discourir.
A son âge être si légère,
C'est un grand tort, car aujourd'hui
Au bal on trouve d'ordinaire
Mille amans... mais pas un mari.

Et M. Léon qui s'attend à la trouver ici.. Se peut-il qu'avec si peu de conformité dans le caractère il puisse encore aimer Joséphine?.. c'est qu'il en est fou... Quant à elle, c'est à peine si elle s'en aperçoit... elle ne comprend pas combien M. Léon mérite d'être aimé... Oh! si j'étais à sa place...

SCENE IV.

LÉON, AGATHE.

LÉON. Mademoiselle, j'ai bien l'honneur... Joséphine est dans son atelier?

AGATHE. Asseyez-vous, je vous prie.

LÉON. Vous êtes trop bonne..... Joséphine est là, n'est-ce pas?

AGATHE. Je ne crois pas... il m'a semblé la voir sortir ce matin... tout-à-l'heure.

LÉON. Sortie !..

AGATHE. Pour quelque emplette...

LÉON. Elle était seule?

AGATHE. Mais je ne sais.

LÉON. Avec M. Adolphe? Fort bien !.. je m'étonnais aussi que depuis dimanche elle n'eût pas commis quelque étourderie.. Tenez, je parierais que c'est pour une partie de plaisir qu'elle est sortie ; je la connais, le plaisir l'emporte chez elle sur toute autre considération... les promenades, les bals, les courses à cheval, la foule, la cohue, voilà son élément... Peu soucieuse de l'opinion qu'on peut prendre d'elle, elle pense qu'il lui suffit de se bien conduire au milieu de personnes qui se conduisent fort mal... Je vous parle ainsi, mademoiselle Agathe, parce que je vous sais prudente et raisonnable... vous, vous ne quittez pas votre maison pour aller vous divertir dans les bois de Vincennes et de Boulogne... vous comprenez que la place d'une jeune personne n'est point dans ces réunions bruyantes, et que sa réputation et ses mœurs n'en reviennent jamais sans avoir reçu quelque atteinte.

AGATHE. Je ne recherche pas tous ces plaisirs, je ne désire même pas les connaître, et si l'humeur de ma cousine avait répondu à la mienne, nous n'aurions reçu que vous, que vous, monsieur Léon, qui ne ressemblez en rien aux autres jeunes gens... à M. Adolphe, par exemple, qui, malgré ses trente ans, est un étourdi, un coureur d'ateliers, qui fait la cour à toutes les femmes, sans en aimer aucune peut-être; tandis que vous, vous êtes prudent, réservé... vous étiez d'ailleurs l'ami de notre oncle, et quand sa mort nous a laissées seules et sans appui, vous nous avez servi de guide, de mentor! Oh! vous êtes un ami !..

LÉON. Mademoiselle, c'est peut-être un défaut ; maintenant pour se faire aimer d'une femme, les égards, les prévenances sont parfois des moyens impuissans, nuisibles même...

AGATHE. Vos craintes me semblent peu fondées... Joséphine est peut-être légère... mais elle vous estime... elle vous aime... et pourquoi ne vous aimerait-elle pas ? Ah! tout le monde doit vous aimer!

LÉON. Quelle différence entre vous et Joséphine!... que de raison!... Je vous ai fait part de mes craintes, et j'ose compter sur vous pour les faire comprendre à votre cousine... Vingt fois déjà j'ai résolu de m'en expliquer avec elle ; mais le reproche est toujours expiré sur mes lèvres, et je n'ai su lui parler que de ma tendresse.

AGATHE. Oh! je vous promets de lui dire tantôt combien elle a de torts envers vous...

LÉON. Oui, parlez-lui avec fermeté!

AGATHE. Je lui répéterai mot à mot ce que vous venez de me dire.

LÉON. C'est cela... avec douceur cependant...

AGATHE. Sans doute..... mais sans rien ménager.

LÉON. Oui, assurez-la, toutefois, que mon amour est toujours aussi fort...

AGATHE. Bien..... mais que vous cesseriez de l'aimer...

LÉON. Non, pas précisément... il ne faut pas qu'un conseil ressemble à une menace.

AGATHE. Alors, que désirez-vous qu'on lui reproche?..

LÉON. Mais tout ce que vous voudrez, je m'en rapporte à vous.

AGATHE.

AIR : *Soldat français.*

Je lui dirai : De ton bonheur
Tu devrais être plus jalouse,
De celui qui t'offre son cœur
Qui ne voudrait être l'épouse ?

LÉON.

Ajoutez-lui qu'il lui faudrait,
Pour corriger son caractère,
Vous pour modèle...

AGATHE.

Elle y perdrait ;
Prendre de moi le moindre trait,
Est-ce le moyen de vous plaire ?

SCENE V.

JOSÉPHINE, ADOLPHE, LÉON, AGATHE.

JOSÉPHINE *et* ADOLPHE, *en entrant.*

AIR : *L'amitié nous engage* (Elle est folle).

Quel ennui ! quelle gêne !
Vraiment ! c'est à périr ;
Mon Dieu ! qu'on a de peine
Pour avoir du plaisir.

Joséphine pose son chapeau et ses gants sur la table à gauche, et s'assied.

JOSÉPHINE. Enfin nous voilà de retour !..

LÉON. Mademoiselle...

JOSÉPHINE. Ah ! c'est vous !... Je suis d'une humeur !.... toutes les contrariétés à la fois... ce M. Durouleau que nous n'avons pas rencontré... et vous qui aviez oublié votre argent.

AGATHE. Oublié votre argent ?

ADOLPHE. Oui... ça m'arrive souvent... je suis fort distrait...

JOSÉPHINE. C'est bien la dernière fois qu'on m'y prend... toutes ces parties de plaisir se terminent toujours d'une manière si triste... c'est fini... j'y renonce.

ADOLPHE. Ah ! Joséphine... je ne vous reconnais pas là..... Quoi ! pour si peu de chose renoncer à nos délicieuses parties de plaisir ?.. vous connaissez mes principes...

Air de la Fête.

Tant que luiront les jours de la jeunesse,
Par les plaisirs sachons nous rendre heureux ;
Nous rentrerons, dès que nous serons vieux,
Dans le sentier de la sagesse.
Mais jusqu'à ce temps,
Toujours gais, contens,
Mettons à profit les jours que Dieu nous laisse.
Plus tard, sans désirs,
Mort pour les plaisirs,
On peut vivre au moins de joyeux souvenirs.
Aussi, j'en conviens, au plaisir, moi je tiens ;
Prenons-en gaîment, car c'est là le vrai bien,
Quitte à laisser tout quand on ne peut plus rien.

SCENE VI.

JOSÉPHINE, ADOLPHE, LÉON, AGATHE, DUROULEAU, Mme DUROULEAU.

Mme DUROULEAU, *se jetant dans un fauteuil.* Ouf !... réchauffez-moi, de grâce... du feu... un fauteuil... un verre d'eau... un fauteuil... avec du sucre... je n'ai que le souffle..... Faut-il que je sois forcée de revenir dans cette maison ?

DUROULEAU. Vous voilà bien payée ; pourquoi diable aussi vous êtes-vous obstinée à me suivre ?.,.. Vous savez que j'allais rejoindre à la barrière de l'Étoile M. Adolphe et mademoiselle..... lorsque Mme Durouleau s'est accrochée à moi !.... Alors, arrivés trop tard pour notre partie de cheval... nous rencontrons deux ânes (passez-moi le mot !)... Mais, hélas ! déplorable compensation ; l'âne de Mme Durouleau caracolait sans cesse autour de ma pauvre pécore, et il s'est permis de jeter Mme Durouleau (passez-moi le mot !) au beau milieu d'un fossé..... c'était infiniment pittoresque !... D'un côté, la pluie ; de l'autre, les larmes de ma pauvre Nina, et par-dessus tout, les cris de nos deux ânes !... Oh ! c'était à déchirer le cœur et les oreilles...

Mme DUROULEAU. Comment ! l'état où je suis ne vous inspire que des railleries ?..

DUROULEAU. Mon épouse, vous me saisissez mal...

Mme DUROULEAU. Nierez-vous que vous ayez éclaté de rire lorsque jetée à terre....

DUROULEAU. Nina !..

Mme DUROULEAU. Et pourtant c'était horrible.

DUROULEAU, *riant.* Tu étais bien drôle un moment... oh ! oh !.... Tu pensais, toi, qu'on allait en partie de plaisir pour s'amuser...

Mme DUROULEAU, *se levant.* En ménage c'est de l'ennui, n'est-ce pas ?.. Eh ! pensez-vous que tous ces amusemens continuels que vous vous donnez en compagnie de mademoiselle soient fort édifians ?

JOSÉPHINE. Qu'est-ce à dire, madame ?

DUROULEAU. Rien, rien.

Il chante.

Mme DUROULEAU. Je dis qu'une demoiselle qui se respecterait n'irait pas ainsi courir par monts et par vaux et jeter la désunion dans un ménage...

DUROULEAU. Nina... oh !

JOSÉPHINE, *se levant et descendant en scène.* Vous êtes une vieille folle !

Mme **DUROULEAU.** Une vieille !.. et vous entendez cela, monsieur Durouleau , et vous ne me vengez pas!

DUROULEAU. Elle a dit une folle..... et rien de plus...

Mme **DUROULEAU.** Une vieille...

DUROULEAU. Que t'importe, Nina... si je te trouve jeune, moi?

Mme **DUROULEAU.** Comment ! lâche que vous êtes, vous souffrez qu'on m'insulte et vous ne prenez pas ma défense? Eh bien! je me vengerai moi-même.

DUROULEAU. Un duel!

Mme **DUROULEAU.** Et vous, monsieur le Lovelace, nous nous séparerons... vous me rendrez ma dot, et mon bien ne servira plus...

DUROULEAU. Mon épouse!..

Mme **DUROULEAU.** Allons, paix, et marchez devant..... Vieux libertin, n'avez-vous pas de honte, à votre âge... et vous, mademoiselle l'effrontée...

DUROULEAU. Nina! Passez-lui le mot.

ENSEMBLE.

AIR *de Vallace.*

DUROULEAU.

Maintenant que puis-je faire?
De qui prendre le parti?
Entendre tout et se taire,
C'est le rôle d'un mari.

JOSÉPHINE.

Vraiment! c'est une mégère,
Cet éclat est inoui.
Plût au ciel que sa colère
Me délivrât du mari !

Mme DUROULEAU.

J'étouffe de colère,
Quelle femme et quel mari !..
Mais, sur l'honneur, j'espère
M'en venger aujourd'hui.

ADOLPHE.

L'aventure est singulière !
Leur éclat m'a diverti;
De deux belles en colère,
Le spectacle est si joli !

AGATHE *et* LÉON.

Quelle conduite légère !
De cet éclat inoui
L'effet sera salutaire,
Ou tout espoir est banni.

Durouleau sort avec sa femme.

SCENE VII.

JOSÉPHINE, ADOLPHE, LÉON, AGATHE.

JOSÉPHINE. Quelle peste que cette femme !

ADOLPHE. Elle est vieille et vous êtes jeune; elle est laide et vous êtes jolie... c'est tout dire !

LÉON. Vous voyez, mademoiselle, à quels désagrémens peut exposer une étourderie... et toutes ces parties de plaisir...

JOSÉPHINE. Ah! de la morale..... de grandes phrases !

ADOLPHE, *reprenant son chapeau.* Serviteur... je n'aime pas les sermons... c'est assez d'un orage pour aujourd'hui..... A propos, je vous donnerai demain un nouveau modèle...

JOSÉPHINE, *se mettant à travailler.* Ah! fort bien! vous le savez, je veux parvenir, je veux être illustre... et ce modèle, c'est...

ADOLPHE. C'est digne du salon... Polyphème changeant les compagnons d'Ulysse en..... vous verrez.... c'est d'un très-bel effet! (*Bas, en s'approchant d'Agathe.*) Mademoiselle Agathe ne me demande jamais de lui rendre le plus léger service... et cependant je serais si heureux de lui être agréable!..

AGATHE. Je vous suis obligée...

ADOLPHE. Oh ! je serais enchanté de... oui... d'honneur... je... (*A part.*) C'est singulier! moi, si hardi, si entreprenant... je tremble devant elle... c'est qu'elle ressemble si peu à mes conquêtes ordinaires... (*A Joséphine.*) Adieu, mon petit ange... je vais moraliser un peu ma toilette ; restez avec ces dames, mon cher, restez ; prêchez, sermonez le plus long-temps possible. (*Bas, à Joséphine.*) J'y gagnerai... vous m'en goûterez mieux après... sans amour-propre. (*A Joséphine.*) Je vous baise les mains. (*A Agathe.*) Je vous salue, mademoiselle.

Il sort.

SCENE VIII.

JOSÉPHINE, LÉON, AGATHE.

LÉON, *bas à Agathe.* Te voilà seule avec vous... l'occasion est favorable... ferme, et n'oubliez rien.

JOSÉPHINE. Est-ce que vous nous fuyez aussi?

LÉON. Je crains d'être importun.

JOSÉPHINE. Vous êtes trop modeste... Vous reverra-t-on ?

LÉON. Je l'espère. (*Bas, à Agathe.*) Je compte sur vous. (*Haut.*) Mesdemoiselles, jusqu'au plaisir de vous revoir.

Il sort.

SCENE IX.

JOSÉPHINE, AGATHE.

JOSÉPHINE. Que te disait-il à voix basse?

AGATHE. Il me parlait de toi.

JOSÉPHINE. Pour t'achever le sermon qu'il me destinait..... Oh ! l'ennuyeux personnage !

AGATHE. N'en dis pas de mal, Joséphine; il t'aime tant !

JOSÉPHINE. Qu'il m'aime un peu moins, par pitié, et qu'il me laisse faire à mon gré.

AGATHE. Tu n'es pas juste à son égard: il ne te dit jamais que des choses fort raisonnables..... Si tu n'étais pour lui qu'une personne indifférente, comme moi, par exemple, il te laisserait aller à ta guise, il t'encouragerait même dans tes goûts, dans tes folies. Il faut aimer beaucoup une femme pour oser la contrarier sur sa frivolité... Pour moi, ma cousine, je t'avouerai franchement que rien ne me prouverait davantage l'amour d'un homme que l'insistance que je lui verrais mettre à me conseiller, à me diriger... Oui, vraiment, ma tendresse pour lui s'affermirait en raison de sa franchise, et je l'aimerais d'autant plus qu'il me contrarierait davantage.

JOSÉPHINE, *éclatant de rire.* Ah! ah! te voilà maintenant aussi amusante que lui.... mais, puisqu'il trouve en toi une écolière si docile, pourquoi ne cherche-t-il pas à te plaire ?

AGATHE. Est-ce qu'il pense à moi?.. Il t'aime, tu le sais bien..... il te le dit tous les jours... et tu l'aimes aussi, sans doute, toi?.. beaucoup?..

JOSÉPHINE. Moi?.. je crois que je n'aime personne.

AGATHE, *souriant.* Il semblerait, au contraire, que tu aimes tout le monde.

JOSÉPHINE. Eh bien! c'est cela..... personne ou tout le monde... n'est-ce pas la même chose?.. mais, franchement, je suis ravie d'être aimée... c'est mon bonheur, à moi!.. Ce n'est pas que je sois coquette... Oh! non! mais je suis curieuse, j'aime le changement... rien ne me divertit comme les transports d'un amant..... La jalousie, les soupirs, les larmes, les éclats... tout cela me rend folle..... c'est une comédie que je me donne sans qu'il m'en coûte rien...

AGATHE. Mais enfin, pour en revenir à M. Léon, n'as-tu pas pour lui quelque préférence?

JOSÉPHINE. Je l'ignore.

AGATHE. Tu veux rire... je suis sûre que tu l'aimes...

JOSÉPHINE. Aimer... moi! est-ce que je suis folle ?

Sans être prude ni coquette,
Je garde mon cœur... par raison.
Écouter propos et fleurette,
Se laisser aimer est fort bon.
Mais aimer soi-même... Fi donc!
    Et puis un amoureux
        Trop heureux
    Est despote, ombrageux...
    Sur vos pas, toujours là...
        Liberté chérie,
        Seul bien de la vie,
        Le bonheur est là,
            Tra, la, la,
Tant pis pour qui s'en fâchera.

AGATHE. Tu n'ignores pas cependant qu'il veut t'épouser; et si le mariage a lieu, c'est que tu l'aimeras... Ainsi réfléchis et prononce...

JOSÉPHINE. Tu lui veux du bien et beaucoup... Eh bien! pour te faire plaisir, je te promets de l'écouter... de l'aimer même un peu... C'est pour toi, au moins, que je fais cela...

Elle se remet à travailler.

AGATHE. Tiens, le voilà qui revient... Voyons, traite-le avec douceur... il est si malheureux quand tu te moques de lui.

SCENE X.

JOSÉPHINE, LÉON, AGATHE.

AGATHE, *à Léon.* Je viens de lui parler... elle est bien disposée.

LÉON. Il serait possible ?

AGATHE. Oui, vous vous entendrez, je l'espère... et je vous laisse avec elle.

LÉON. Vous nous quittez ?

AGATHE. J'ai besoin d'être seule.

LÉON. Que ne vous dois-je pas ?

AGATHE. Oui, vous me devez sans doute, et plus que vous ne pensez... Les voilà tous deux bien contens... et moi? Allons, point de regrets... il faut savoir souffrir pour le bonheur des autres.

Elle entre dans sa chambre.

SCENE XI.

JOSÉPHINE, LÉON.

LÉON. Mademoiselle... veuillez jeter un coup d'œil sur ces papiers...

JOSÉPHINE. Votre acte de naissance... le consentement de votre père ! Vous allez donc vous marier ?

LÉON. Belle demande ! ne vous ai-je pas dit cent fois que je vous aimais, et que mon seul désir était de devenir votre mari?

JOSÉPHINE. En effet... Et vous êtes décidé?..

LÉON. Oui... mais une explication est nécessaire entre nous.

JOSÉPHINE. Parlez.

LÉON. Joséphine... m'aimez-vous?

JOSÉPHINE. Vous êtes fou !.. est-ce que je vous hais?

LÉON. Mais ce n'est pas répondre..... vous savez que depuis un an j'ai mis tous mes soins à vous plaire... mais votre caractère léger...

JOSÉPHINE. Encore?.... mais qu'ai-je donc fait pour vous rendre si défiant? Jouir honnêtement des amusemens de mon âge, rechercher dans le monde le bonheur, la liberté; n'aimer personne que vous, peut-être... est-ce donc un crime à vos yeux?.. Tenez, vous êtes de ces hommes qui voyez tout en mal et qui pensez qu'une femme jeune, jolie, ne peut faire un pas sans commettre une faute, écrire deux mots sans faire un billet doux, et regarder un homme sans en être folle!.... Gaîté, plaisirs, distractions, vous désapprouvez tout, vous frondez tout... Mais vous n'avez pas vingt-cinq ans, mon cher ami, vous êtes un vieillard... Il ne vous manque que la canne à pomme d'or, la perruque poudrée et l'habit à grandes basques... mais riez donc... voyons, soyez aimable... une fois... cela n'engage pas pour l'avenir..... Mais non, vous vous fâchez même d'une plaisanterie..... Eh bien ! fâchez-vous tout à votre aise... soyez bourru, maussade, ennuyeux, et étonnez-vous après qu'on ne soit pas folle de vous.

LÉON. L'amitié que je vous porte...

JOSÉPHINE. Haïssez-moi, je vous en conjure, et dites-moi des choses agréables.

LÉON. Vous hair ! Allons, Joséphine, parlons sérieusement... Je consens à vous accorder que j'ai tort, puisque vous le pensez.....

JOSÉPHINE. Et c'est ainsi que vous gagnerez mon cœur... Les égards, la complaisance, voilà ce qu'il faut à notre sexe..... Tenez, ce que vous me dites là me désarme déjà, et je suis prête à vous faire avec plaisir toutes les concessions que vous désirerez.

LÉON, souriant. Vous n'irez plus au bal?

JOSÉPHINE. Si... au contraire..... mais avec vous, et pour vous prouver seulement combien vous le jugez mal..... je veux que vous en raffoliez avant huit jours; le meilleur ton ! la décence la plus scrupuleuse...

Et la morale... c'est comme dans un pensionnat..... jamais de propos hasardés, de déclarations offensantes... le plus grand respect, au contraire...

SCENE XII.

Les Mêmes, LE PORTIER.

LE PORTIER. Une lettre très-empressée pour mademoiselle.

JOSÉPHINE. Et de quelle part?

LE PORTIER. De la part de la poste.

JOSÉPHINE. Donnez. (A part.) De qui peut-elle être?

LE PORTIER. Je mettrai ces trois sous-là sur le mémoire.

JOSÉPHINE. Comme vous voudrez.

LE PORTIER. Elle sera longue, mon Dieu !

Il sort.

SCENE XIII.

JOSÉPHINE, LÉON.

JOSÉPHINE, lui remettant la lettre. Tenez... tenez... c'est une preuve de ma confiance en vous.

LÉON, lisant. « Mademoiselle, depuis » que j'ai eu l'avantage de danser avec vous » au bal du Ranelagh, mes pensées et mon » amour se sont entièrement reportés sur » vous, et j'ai souhaité ardemment de vous » les faire connaître. Je suis jeune, on me » dit aimable, la fortune m'a comblé de » ses faveurs. La bonté avec... avec la- » quelle vous m'avez écouté déja, me fait » espérer que vous daignerez combler mes » désirs, en reparaissant ce soir dans ce » bal, où je n'ai eu de bonheur que par » vous. »

JOSÉPHINE. Quelle indignité !

LÉON. Vous le voyez !

JOSÉPHINE. C'est un imbécile, et le meilleur est d'en rire. .. Dépend-il de moi d'empêcher qu'un fat m'écrive?

LÉON. Non, mais il est en votre pouvoir d'éviter sa présence... dans les bals...

JOSÉPHINE. Eh ! mon Dieu ! faut-il donc se rendre esclave de ridicules préjugés?... Je suis jeune, je veux voir le monde... je n'ai pas envie de m'enterrer vivante dans les quatre murs de ma chambre...

Air : *A l'âge heureux de quatorze ans.*

Pour rester dans cette prison,
Un jour viendra, trop tôt peut-être.
L'âge qui mène à la raison
De mon cœur deviendra le maître.
Jeux, bals, plaisirs, tout aura fui,
Alors naîtra l'indifférence ;
Je vivrai près de mon mari,
  Souriant.
Enfin je ferai pénitence.
    Léon fait un mouvement.

Allons, ne m'en veuillez pas... j'ai tort, je suis une folle... mais vous me justifiez... vous savez qu'au fond indifférente pour tous ces adorateurs improvisés, je suis bonne, aimante, et que vous ferez de moi ce que vous voudrez. Tenez, voilà ma main ! Dans un an, dans huit jours, aujourd'hui même, si vous le voulez, je suis votre femme... et dites après cela que je n'ai pas de bons momens... Ouf !

LÉON, *avec beaucoup de chaleur.* Oh ! vous êtes la plus adorable des femmes.... Maintenant vous êtes à moi... rien ne peut nous séparer, et cette main que vous me donnez... oh ! je vous en prie... laissez-moi y placer cette bague, et qu'elle soit un gage éternel de ma tendresse pour vous.

JOSÉPHINE. Je n'ai rien à refuser à mon maître.

LÉON. Votre maître... jamais... votre ami, votre époux pour la vie.... car vous m'aimez ?

JOSÉPHINE. Non, à cette main... Vous me disiez ?..

LÉON. Que votre amour...

JOSÉPHINE, *souriant.* Ah ! oui... maintenant c'est une obligation... une femme doit aimer son mari.... le code est là.... mais sans qu'il soit besoin de me le prescrire, je vous aimerai... je vous aime déjà, cela vient.... Ainsi c'est convenu.... nous nous marierons, nous nous aimerons... et désormais nous serons raisonnables..... plus de bals, de parties de plaisir, de toilettes...

SCENE XIV.
LÉON, JOSÉPHINE, UNE MARCHANDE DE MODES.

LA MARCHANDE, *posant un carton sur la table à droite.* Mademoiselle, je vous apporte vos bonnets et le chapeau.

JOSÉPHINE. Quel bonheur !... ah ! comme cette forme est jolie... et les rubans.... je serai superbe... j'éclipserai tout... (*A Léon.*) Vous verrez si je sais aimer..... J'aurais désiré quelques fleurs.... (*A Léon.*) Et quand j'aime, moi, je ne puis m'occu-

per d'autre chose... Je le trouve un peu lourd... Je suis si aimante... Je passerai chez vous... bonjour ; mes amitiés à toutes ces demoiselles.

SCENE XV.
LÉON, JOSÉPHINE.

LÉON. Le bonheur va donc commencer pour moi ; car nul obstacle maintenant ne pourrait retarder notre mariage.

JOSÉPHINE. Je serai bien belle ainsi, n'est-ce pas ?

LÉON, *avec chaleur.* Charmante !... mais chaque instant que je laisse passer sans préparer notre hymen est un vol que je me fais à moi-même... je voudrais déjà que tout fût fini, et cependant que de choses à faire...

Air : *A l'espoir mon cœur s'abandonne.*

Je vais prévenir tout le monde ;
Chez mes amis, partout, allons courir ;
 Il faut que chacun me seconde,
Un jour de noce on doit se secourir.
O mes amis, daignez me secourir !
 Oh ! mon allégresse est si grande
 Qu'il faut, malgré moi, que mon cœur
 Sur tout le monde la répande ;
 C'est un fardeau que le bonheur !
 On doit partager son bonheur.

ENSEMBLE.

JOSÉPHINE.
Il va prévenir tout le monde,
A ses vœux j'ai dû consentir ;
Mais mon cœur bien peu le seconde,
Puisqu'il craint de s'en repentir.

Léon sort gaîment ; il rencontre Adolphe et lui prend la main avec effusion.

SCENE XVI.
ADOLPHE, JOSÉPHINE.

ADOLPHE. Qu'est-ce qu'il a donc à me presser ainsi les mains ?.. Ces espèces d'ours sont effroyables dans leurs mouvemens de gaîté.

JOSÉPHINE, *à part.* Il sort tout joyeux... j'ai promis...

ADOLPHE. Eh bien ! chère amie ?

JOSÉPHINE. Laissez-moi, je suis dans mes réflexions raisonnables.

ADOLPHE. C'est comme moi... je viens de rencontrer mon oncle, et le bon homme m'a traité d'une façon fort énergique.... Mais laissons cela, et occupons-nous de vous seule.

JOSÉPHINE. Tenez, j'ai des idées bizarres, ridicules... je veux causer raison avec vous.

ADOLPHE. Vous m'effrayez.

JOSÉPHINE. Dites-moi, avez-vous eu parfois des idées de mariage?

ADOLPHE. Aïe... aïe... mais...

JOSÉPHINE. Non?.. eh bien!.. vous avez tort... vous dépendez d'un oncle qui, m'avez-vous dit, vous excite à vous marier, et qui, si vous le mécontentez, pourra vous déshériter.

ADOLPHE. Oh! parfaitement, et si vous l'aviez entendu tout-à-l'heure...

JOSÉPHINE. Alors pourquoi s'y refuser! Est-ce que le mariage vous semblerait?... Voyons, à nous deux, faisons un cours de morale... ce sera drôle... Que pensez-vous du mariage?

ADOLPHE, *surpris, à part.* Quelle diable de question!..

JOSÉPHINE. Je n'y avais jamais réfléchi jusqu'à ce jour... mais on m'a bouleversé la tête... on m'a presque engagée... pour une demoiselle, le mariage est un accident obligé... et j'ai dessein d'en finir.

ADOLPHE. Par exemple, voilà une idée... Et qui est le..?

JOSÉPHINE. Je ne veux pas vous le nommer.

ADOLPHE, *à part.* Elle serait bien en peine... c'est une tactique... connu! (*Haut.*) Mais c'est une plaisanterie... vous dites cela pour m'éprouver.

JOSÉPHINE. Je dis ce que vous verrez dans peu.

ADOLPHE. Et vous osez vous en vanter? Vous marier, vous!... quelque amoureux transi?.. quelque sot?.. je m'en doutais... Mais vous ne savez donc pas ce que c'est que le mariage?.. pour une femme comme vous, qui adore la liberté et qui l'obtiendra... l'indépendance est nécessaire... le mariage, c'est la mort... les femmes de votre caractère sont jetées ici-bas pour pour s'amuser... pour jouir de la vie en toute liberté... bruyamment... leur maison à elles, c'est une salle de bal... leur ménage un quadrille.... leur mari, celui qui plaît le plus... Non, non, vous n'êtes pas née pour le mariage, vous ne le comprenez pas d'ailleurs..... Le mariage, ce sont les plaisirs tranquilles, intérieurs... la semaine, le travail, l'ordre, l'économie, le pot au feu... le dimanche, quelque réunion de famille, où vous conduisent les maris... quelques vieilles tantes du Marais, chez qui vous passez les grands jours de fête.... compagnie morale et soporifique... quelques portraits ambulans, bien poudrés, toussant, criant, racontant... un perroquet, un chien, le mari, du Champagne de Normandie, des marrons, de la galette et le loto... Voilà les plaisirs immuables d'une femme mariée... voilà son Eldorado.... et vous vous plongeriez vivante dans ce bas-fond matrimonial!.... mais vous mourriez à la peine... Allons, allons, soyez raisonnable... laissez là vos idées de suicide.

JOSÉPHINE. Mais que faire alors?.. une demoiselle doit songer à une fin.

ADOLPHE. A quoi bon y songer, la solution viendra bien d'elle-même.

JOSÉPHINE. Un mari... c'est si rare!..

ADOLPHE. Erreur!.. un mari comme il vous en faut à vous... il y en a... il y en a pas mal... allez...

JOSÉPHINE. Où donc?

ADOLPHE. Partout... c'est Edouard, Albin, Prospère... c'est moi...

JOSÉPHINE. Vous!.. et vous m'aimeriez assez pour..?

ADOLPHE. Mais je ne vous aime pas Joséphine.... est-ce qu'on aime les femmes comme vous?.. oh! fi donc!.. on les adore, on les idolâtre...

JOSÉPHINE. Je n'en reviens pas... il se pourrait?.. et vous voudriez m'épouser?..

ADOLPHE. Mille fois!.. quand on aime comme moi, on est capable de tout...(*Lui prenant la main.*) Une bague... voilà notre contrat... et je m'en empare...

JOSÉPHINE. Rendez-la-moi... fi, monsieur, c'est une horreur... me prendre ma bague... vous êtes bien audacieux!..

ADOLPHE. Vous êtes si indulgente!..

JOSÉPHINE. Eh bien! c'est joli!.. je prétends que vous me la rendiez... Au reste, je vous pardonne... vous êtes fou!

ADOLPHE. De vous, oui, fou de vos mains si mignonnes... de vos yeux si fripons... de votre taille si gracieuse... Ah! quel bonheur pour moi, ce soir, au Ranelagh·

JOSÉPHINE. Nous y allons donc malgré nos projets?

ADOLPHE. Est-ce que nos projets sont de vivre comme des hiboux?.. (*Il chante.*)

Au plaisir, à la folie, etc.

Voilà un fameux cours de morale.

JOSÉPHINE, *à part.* Voilà donc deux maris en un jour... mais je m'en tiens au dernier... il est plus amusant...

Valse de Robin des Bois.

Mais il est temps qu'à ma toilette
Je consacre quelques instans;
Si ce soir je veux être prête,
De commencer il est bien temps!

ADOLPHE.

Que de cœurs vous allez séduire !
Oui, chacun va briguer ce soir
Un mot, un regard, un sourire...
Mais d'être heureux j'ai seul l'espoir.

ENSEMBLE.

ADOLPHE.

Il est temps qu'à votre toilette
Vous consacriez vos instans,
Car si ce soir vous voulez être prête,
De commencer il est bien temps.

Joséphine rentre dans sa chambre en emportant le carton.

SCENE XVII.

ADOLPHE, *seul.*

Bon, la voilà dans son élément... et moi aussi... Enfoncé le notaire! me voilà donc lancé dans une nouvelle intrigue.... oui, mais où me mènera-t-elle?.. Mon oncle m'embarrasse... il veut que je me marie... ou sans cela plus d'argent... et il le ferait comme il le dit... un vieux libertin, c'est si moral!.. se marier... et avec qui? Eh parbleu! si j'épousais Joséphine... ce serait drôle... *(après réflexion et comiquement)* trop drôle!.. Agathe!.. oui!

SCENE XVIII.

LÉON, ADOLPHE.

LÉON, *à part, tout radieux.* Comme le bonheur rend agile! cinq visites en moins d'une heure!.. Elle est là, ma bonne Joséphine, elle m'attend... *(A Adolphe.)* Ah! vous êtes seul ?

ADOLPHE. Vous voyez.

LÉON. Et Joséphine ?

ADOLPHE. Elle est à sa toilette.

LÉON. Je devine.

ADOLPHE. Oui, pour le Ranelagh...

LÉON. Vous plaisantez... cela ne se peut.

ADOLPHE. J'en ai donc menti ?

LÉON. Je ne dis pas cela... mais êtes-vous bien sûr ?

ADOLPHE. Elle n'a rien de caché pour moi...

LÉON. Vraiment?.. *(A part.)* Dirait-il vrai ?.. m'aurait-elle encore abusé?.. je ne sais que penser... *(Haut.)* Vous savez tous ses secrets, vous, vous êtes avec elle mieux que personne... en apparence au moins...

ADOLPHE. Je ne suis pas trop mal... depuis une heure surtout...

LÉON. Depuis une heure ?

ADOLPHE. Tenez, je n'aurai rien de secret pour vous... vous êtes un charmant garçon, et je crois qu'en vous parlant avec sincérité, je vous rendrai un bon service... entre hommes on doit se protéger, s'empêcher d'être dupés.. par le beau sexe surtout... Eh bien! mon cher, je vous dirai que je vous ai deviné, ou à peu près... et que vous échouez...

LÉON. Pourquoi ?

ADOLPHE. Parce que je réussis, moi.

LÉON. Bah!

ADOLPHE. Sur mon honneur!.. et les pièces en mains.

LÉON. La bague que je viens de lui donner!..

ADOLPHE. Votre bague?.. admirable!.. faites donc des cadeaux.

LÉON. Je m'y perds!.. que signifie?..

ADOLPHE. Cela signifie que l'on a été coquette avec vous, et qu'il vous arrive aujourd'hui ce qui peut m'arriver demain; chacun son jour... ricochet.

LÉON. C'est donc vous qu'elle préfère?

ADOLPHE. C'est assez évident...

LÉON. Et qu'elle épouse?

ADOLPHE. Hein?.. par exemple!..

LÉON. Puisque vous me remplacez.

ADOLPHE. Mais justement....,. je fais comme vous, je me laisse aimer, et je n'épouse pas..... Est-ce que vous l'auriez épousée vous ?.. Badin.

LÉON. Quelles sont donc vos intentions sur Joséphine?

ADOLPHE. Ecoutez, mon cher ami. Il est de ces femmes belles, vives, pétillantes, qui subjuguent, entraînent, enivrent, pour qui l'on donnerait tout au monde... tout enfin, excepté son nom... et Joséphine est une de ces ravissantes créatures.

LÉON. Vous croyez?

ADOLPHE. D'autres, au contraire, simples, modestes, réservées, qu'on ne recherche jamais... pour rire... mais dont tout le monde voudrait faire sa compagne.... car soyez bien convaincu, mon cher, que tout ce qui passe pour agréable dans une maîtresse nous devient insupportable dans notre femme, et que les qualités que nous recherchons le plus dans l'une sont précisément des défauts ou des vices même que nous ne voulons pas rencontrer dans l'autre... qu'en un mot, il suffit pour une maîtresse qu'elle ait du brillant, de la coquetterie, de la dissipation, de l'entrain; mais que pour une femme, c'est absolument tout l'opposé.. ...Agathe, par exemple, voilà une femme accomplie...

LÉON. Mais Joséphine est-elle bien ce que vous pensez?

ADOLPHE. Je pense.... je pense qu'elle est vertueuse... Mais qu'importe!.. le caractère est là... Et puis ces bals, ces sociétés où elle se plaît tant... Enfin, les apparences sont contre elle... et qui voudrait nier le pouvoir des apparences? D'ailleurs, dans ce monde où elle court se jeter de gaîté de cœur, il faut qu'elle fasse comme les autres..... ne fût-ce que pour n'être pas ridicule... Voyez-vous, mon cher, le plaisir est contagieux... les femmes sont comme les moutons de Panurge..... une saute... crac... l'autre après.

LÉON. En effet!

ADOLPHE. Agathe, à la bonne heure!.. détestable pour un amant, mais un trésor pour un mari; oui, mon cher, un vrai trésor.

LÉON. Vous avez raison... c'est un trésor.. caractère aimable, délicat, solide...

ADOLPHE. De la beauté?

LÉON. Oui, certes... de la beauté!.... mais la beauté simple, sans étalage, qui s'ignore elle-même et n'en est que plus remarquable.

ADOLPHE. De la grâce, de l'esprit...

LÉON. De la grâce sans fard, de l'esprit sans manières... l'esprit naturel... le meilleur, le seul bon..... Oh! cette femme est un ange!

ADOLPHE. Ni vous, ni moi, ne craindrions de l'épouser, celle-là... pour la mériter il n'est rien que nous ne fussions en état d'entreprendre... vous ou moi.

LÉON. Sans doute!

ADOLPHE. Et si l'un de nous voulait l'épouser, l'autre n'hésiterait pas à le servir... vous comprenez?

LÉON. Certainement.

ADOLPHE. Au portrait que je vous fais d'Agathe, vous devinez de quoi je vous conseille et où je veux en venir...

LÉON. Parfaitement.

ADOLPHE. Comme je vous le disais à l'instant, entre amis il faut se pousser, s'entr'aider... et je suis votre ami...

LÉON. Et moi donc! (*A part.*) C'est un homme admirable!.. il m'ouvre les yeux sur Joséphine et veut me servir près d'Agathe!

ADOLPHE, *à part.* Il m'a compris..... il parlera de moi à Agathe.

LÉON, *avec chaleur.* J'espère vous prouver bientôt à quel point je reconnais vos conseils... mon ami... mon excellent ami! Bientôt, je le pense, vous serez content de moi... Ah! Joséphine, Agathe me vengera de vous.

Il entre chez Agathe.

SCENE XIX.

ADOLPHE, seul.

Il court chez Agathe... bravo! il a compris mes intentions..... il va lui parler de moi... Charmante Agathe!.. quel bonheur si je pouvais lui plaire!.... mais Léon ne suffira pas pour la convaincre... il faudrait d'autres moyens; pour moi, je n'oserai jamais... elle m'impose... la vertu... c'est si décourageant... Et puis je n'y suis pas habitué... Oh! une idée... écrivons-lui... une lettre après les recommandations de Léon... ça fera bien... mais qui la lui remettra?.. Écrivons toujours, nous chercherons après.

SCENE XX.

ADOLPHE, écrivant, DUROULEAU.

DUROULEAU, *au fond du théâtre.* Ma chère moitié est dans les bras de Morphée, et je puis sans crainte... Allons, encore cet étourneau..... impossible d'être seuls un moment..... s'il décampait vite encore..... mais non, il s'installe ici comme dans un estaminet.....il ne lui manque que la pipe et la queue de billard.

ADOLPHE, *écrivant.* Oui... c'est cela... de la passion..... jamais je ne fus plus éloquent... elle m'inspire tant!

DUROULEAU. Que fait-il donc?.... de ce jeune homme tout m'est suspect.

Il s'avance et cherche à lire.

ADOLPHE, *se levant brusquement.* Hein! qui est là? vous êtes bien curieux.

DUROULEAU. Moi? quelle injustice!

ADOLPHE. Que faisiez-vous là?

DUROULEAU. Rien... je regardais...

ADOLPHE, *à part.* Le sot!.... mais j'y pense... voilà mon Mercure.... Léon d'un côté, celui-ci de l'autre!.. bravo!.. pour réussir, il faut employer tout le monde... tâchons de l'amadouer.

DUROULEAU. Il ne s'en ira pas!

ADOLPHE. Mon cher Durouleau, il faut que je vous fasse part de mes idées sur votre compte...vous m'avez tout l'air d'un séducteur!

DUROULEAU. Ah!... (*A part.*) Ce garçon-là a une pénétration...

ADOLPHE. Et c'est du côté de Joséphine que vous dirigez vos batteries... vous cherchez à lui plaire?

DUROULEAU. Mais... je tâche...je tâche...

ADOLPHE. Vous lui plaisez, je le sais, et furieusement.

DUROULEAU. Je vais rougir !

ADOLPHE. Mais vous avez un rival...

DUROULEAU. Un rival?.... pas possible !

ADOLPHE. D'honneur !.. mais un rival malheureux.

DUROULEAU. Pauvre rival !

ADOLPHE. Et ce rival dédaigné..... c'est moi !

DUROULEAU. Je l'avais deviné !... mille pardons, mon cher collègue, si elle me préfère, mais ce n'est pas ma faute, à moi... la sympathie...

ADOLPHE. Aussi je baisse pavillon devant vous, et je vous cède la place.

DUROULEAU. Ami supérieur !

ADOLPHE. Je vous jure même d'oublier mon amour et de servir le vôtre... mais à une condition...

DUROULEAU. Dites, et je vole...

ADOLPHE. J'ai besoin de chercher ailleurs une femme qui me console de votre concurrence. J'ai jeté les yeux sur mademoiselle Agathe, et je désirerais, par votre entremise, lui faire parvenir ce billet... mais à elle seule et sans témoins...

DUROULEAU. Laissez-moi faire... personne ne glisse le poulet mieux que moi... la grande habitude...

ADOLPHE. Ainsi vous acceptez?

DUROULEAU. Ce sont de ces menus services qu'on se prête entre jeunes gens.

ADOLPHE, *l'embrassant*. Ah! vous êtes un jeune homme adorable, mais je réfléchis... J'ai tort peut-être de me confier à vous... vous m'avez déjà soufflé Joséphine, vous pourriez bien encore...

DUROULEAU. Oh! non! là... bien franchement... elle ne me plaît pas.

ADOLPHE, *à part*. Double fat! Mais hâtons-nous de revoir mon oncle... Annonçons-lui mes intentions, et je reviendrai sur-le-champ pour connaître la réponse d'Agathe..... Je ne sais..... mais j'ai bon espoir (*Haut.*) Adieu, mon cher Durouleau, n'oubliez pas de lui remettre ma lettre... et surtout ne la séduisez pas!

DUROULEAU. Je ferai mon possible !

Adolphe sort.

SCENE XXI.

DUROULEAU, *seul*.

Pauvre jeune homme!... Il est modeste au moins... il s'éclipse devant moi... c'est un procédé auquel on ne m'a pas habitué... Bon... la voici !

SCENE XXII.

DUROULEAU, AGATHE, LÉON.

AGATHE. Mais enfin Joséphine a reçu vos aveux... vous l'avez aimée, peut-être même l'aimez-vous encore... et si elle a compté sur vos sermens, je serais la plus ingrate des femmes...

LÉON. Mademoiselle, ma perte ne sera pour elle l'occasion d'aucun regret.

AGATHE. Écoutez... d'elle seule je dois connaître la vérité... c'est elle enfin qui doit me tracer ma conduite, et je vous demande la permission de la consulter.

DUROULEAU. Hein! hein?

Mme DUROULEAU, *entrant par le fond*. Ah! j'arrive au bon moment cette fois...

DUROULEAU, *bas à Agathe*. Un mot à l'écart.

AGATHE. Pourquoi pas devant monsieur?

Mme Durouleau écoute.

DUROULEAU. C'est qu'il faut que je m'enveloppe des ténèbres du mystère.

AGATHE. Qu'avez-vous donc à me dire?

DUROULEAU, *lui donnant le billet*. Voilà ce que j'ai à vous dire.

SCENE XXIII.

LES MÊMES, Mme DUROULEAU.

Mme DUROULEAU, *s'emparant du billet*. Je vous y prends enfin, effronté séducteur.

DUROULEAU. Nina!

Mme DUROULEAU. Un poulet, une déclaration... peut-être même un billet de banque! Ah! nous allons voir de vos tours!

DUROULEAU. Mon épouse, arrêtez..... cette lettre est cachetée, et je vous jure qu'elle n'est pas de moi.

Mme DUROULEAU. Balivernes que tout cela!

DUROULEAU. Faut-il embrasser tes genoux, Nina?

Mme DUROULEAU. Vous perdez votre éloquence!

DUROULEAU. Alors je ferai valoir mon droit de mari. Madame, je vous somme de respecter ce cachet...

Mme DUROULEAU. Voilà ma réponse!

Elle ouvre la lettre

SCENE XXIV.

LES MÊMES , JOSÉPHINE.

JOSÉPHINE, *gaîment.* Quel bruit est-ce là ? (*Bas.*) Ah ! monsieur Léon !

DUROULEAU. Ne lisez pas, ou j'éclate !

JOSÉPHINE. Quel vacarme pour une lettre !

Mme DUROULEAU. C'est bien à vous de plaisanter... il est pour vous sans doute, ce billet adultérin !...

JOSÉPHINE. C'est de M. Durouleau ? ce doit être bien drôle ; voyons...

Elle enlève la lettre à Mme Durouleau.

Mme DUROULEAU. Un rapt !

JOSÉPHINE. Allons donc !..... écoutez tous... ce sera plaisant.

DUROULEAU, *à part.* Elle m'a regardé en-dessous... Je comprends.

JOSÉPHINE , *lisant.* « Mademoiselle, » l'aveu que j'ose vous faire aujourd'hui » vous étonnera peut-être... mais veuillez » croire pourtant qu'il n'en restera pas » moins sincère, et n'imputez qu'à ma » timidité d'avoir caché jusqu'ici mes in- » tentions. »

Mme DUROULEAU. Ce n'est point mon mari... c'est trop bien tourné...

JOSÉPHINE, *continuant.* « Vous aurez pu » croire, sans doute, qu'une autre femme » régnait dans mon cœur... mais détrom- » pez-vous, charmante Agathe... »

TOUS , *hors Durouleau.* Agathe !

JOSÉPHINE, *continuant.* « Vous seule le » possédez... Oui, mademoiselle, je vous » aime et vous offre aujourd'hui mon » cœur et ma main. Adolphe. » Adolphe ! quelle perfidie !...

DUROULEAU. Eh bien ! Nina ?

JOSÉPHINE, *répétant la lettre.* « Je n'ai » jamais aimé que vous... »

LÉON , *à Agathe.* Que pensez-vous d'un tel billet ?

AGATHE. Il m'étonne !

JOSÉPHINE, *à elle même.* Lui qui tout-à-l'heure.... là.... me jurait... Oh ! les hommes !

AGATHE. Mais qu'as-tu donc, Joséphine ? Tu parais bien triste ?

JOSÉPHINE. Moi !... triste... et pourquoi ? parce qu'on t'écrit des douceurs, des galanteries... Eh ! mon Dieu ! j'en ai reçu en un jour plus que tu n'en recevras en ta vie... Belle conquête, d'ailleurs, que monsieur Adolphe !... un fat !... un imbécile !... A tout prendre, j'aimerais mieux le premier venu... M. Durouleau, par exemple !

DUROULEAU, *à part.* Adroite naïveté !

JOSÉPHINE. Je te l'abandonnerai de bon cœur... Au reste, cela fait ton affaire... C'est une nouveauté pour toi qu'une déclaration... M. Adolphe commence... c'est généreux ; cela mérite une récompense. Pauvre fille... moi triste... ah ! ah ! moi... ah ! ah ! ah ! je ris... je ris... mais de si bon cœur... ah ! ah ! ah ! (*A part.*) Oh ! je voudrais pleurer !

DUROULEAU. Tu vois bien que tu t'emportes toujours sans raison, Nina !

Mme DUROULEAU. J'avais tort, Alfred... mais c'est égal !...

DUROULEAU. Excès d'amour que je pardonne ! Allons, viens, embrasse-moi, si cela t'amuse, et partons...

Mme DUROULEAU. Vous embrasser !... jamais.

DUROULEAU, *à part.* Autant de gagné.

ENSEMBLE.

QUINTETTE.

AIR : *du Chapitre des Informations.*

JOSÉPHINE.
Quel tour affreux !
Bientôt je veux
Venger mon offense...
Son insolence
A dans mon cœur
Mis trop de fureur.

AGATHE.
Ce jour heureux
Comble mes vœux,
J'en ai l'assurance...
Douce espérance ;
Mais de mon cœur
Modérons l'ardeur.

DUROULEAU.
Ah ! c'est heureux !
Car pour mes feux
Enfin vient la chance,
Jamais. je pense,
Pareille ardeur
N'enflamma mon cœur.

Mme DUROULEAU.
Viens, je le veux,
Tu du cca illllll
Sors en diligence,
Point d'insistance !
De ma fureur
Redoute l'ardeur...

LÉON.
Ce jour heureux
Comble mes vœux,
Flatteuse espérance !
Jamais, je pense,
Pareille ardeur
N'enflamma mon cœur.

DUROULEAU, *à part.*
Pour lui peindre ma flamme
L'instant est bon, je crois ;
Mais égarons ma femme...

AGATHE.
Qu'as-tu donc ?

JOSÉPHINE.
Laissez moi

REPRISE DE L'ENSEMBLE.

Tous sortent, à l'exception de Joséphine.

SCENE XXV.

JOSÉPHINE, *seule*.

Oh! que j'ai souffert à me contraindre ainsi... que cet homme a froissé mon amour-propre! Me voir préférer Agathe, et devant M. Léon encore!... Ah! quelle différence entre Adolphe et lui!

Air : *Il est sauvé* (de l'Ange gardien).

De deux amans l'un ma trahie,
Et l'autre me gardait son cœur,
Femmes! telle est notre folie :
Nous préférons, dans notre erreur,
Le plus brillant, non le meilleur.
Mais c'est en vain qu'il me délaisse,
Bientôt Léon me vengera.
Désormais à lui ma tendresse,
Et, j'en suis sûre, il m'aimera.
Est-ce à vingt ans, vive et légère,
Que les amours fuiraient mes pas?
On plaît toujours quand on veut plaire
Et quand on a quelques appas,
Et, je puis le dire tout bas,
Je suis encore assez jolie...
Si je veux plaire, je plairai.
Revenez donc, gaîté, folie,
Et mon triomphe est assuré,
Car je veux plaire, et je plairai.

SCENE XXVI.

JOSÉPHINE, *assise*, DUROULEAU.

DUROULEAU, *au fond du théâtre*. Nina est égarée... j'ai perdu mon épouse... profitons du moment... bon, elle est seule.... elle m'attend!

JOSÉPHINE, *sans voir Durouleau*. Oui, je reviens à Léon... je l'épouse, lui seul.... mais il m'a paru bien froid tout-à-l'heure.

DUROULEAU. Comment aborder la conversation?..

JOSÉPHINE. Saurait-il qu'Adolphe?... Il faut que je le voie.

DUROULEAU. Il est à vos pieds!

JOSÉPHINE. Aïe! vous m'avez fait peur.

DUROULEAU. Peur!.. elles n'ont que ça à me dire ces charmantes filles!... Commençons l'attaque d'une manière neuve et spirituelle... La pluie de ce matin a rendu le temps bien humide...

JOSÉPHINE. Parler de moi d'une manière outrageante!

DUROULEAU. Un peu de soleil arrangera tout cela.

JOSÉPHINE. Quand il me jurait ce matin... Adolphe!

DUROULEAU. Ah! M. Adolphe...à quand son mariage avec votre jolie cousine.... car il l'épouse... et le plus tôt possible, à ce qu'il m'a dit.

JOSÉPHINE. Comment, c'est de lui-même...

DUROULEAU. Il m'en a parlé tantôt en des termes... immenses...

JOSÉPHINE. Il l'aime donc bien?

DUROULEAU. Il en radote... c'est comme moi quand je suis à vos pieds...

JOSÉPHINE. Fiez-vous après aux jeunes gens!

DUROULEAU. Les tout jeunes gens!.. fi! des drôles... passez-moi le mot... parlez-moi d'un jeune homme un peu mûr.... voilà le solide... ils sont toujours là, au moins... et puis des égards, du dévouement, des bijoux, des cachemires... on a tout avec eux.

JOSÉPHINE. Vous me dites?

DUROULEAU, *à part*. Elle a rougi... ouf! Allons, de l'éloquence... impressionnons-la... (*Haut.*) Je me permettais de vous dire... Oh! que cette main est blanchette!

JOSÉPHINE. Eh bien!

DUROULEAU. Oui, charmante Joséphine, je me permettais...

JOSÉPHINE. Monsieur...

DUROULEAU.

Air : *J'en guette un petit de mon âge.*

C'est un consolateur fidèle
Qui vient adoucir vos malheurs;
Et si vous le voulez, ma belle,
Bientôt je sècherai vos pleurs.
Ma tendresse n'est pas stérile,
D'autres plaisent pour leurs beaux yeux;
Mais c'est bien sec, et j'aime mieux
Mêler l'agréable à l'utile.

JOSÉPHINE. Quelles sont ces manières, et que signifie un tel langage?.. (*A part.*) Mais qu'ai-je donc en moi qui les autorise à me parler ainsi?.. (*Haut.*) Sortez, monsieur, sortez!

DUROULEAU. Elle m'éprouve!

JOSÉPHINE. M'avez-vous entendue?... Quoi, jusqu'à M. Durouleau!...

SCENE XXVII.

JOSÉPHINE, ADOLPHE, DUROULEAU

ADOLPHE, *à part*. Je suis enchanté!... mon cher oncle a sauté de joie en apprenant mes projets de mariage...

DUROULEAU. Parbleu! vous arrivez fort à propos.

ADOLPHE, *bas*. Vous avez remis ma lettre?

DUROULEAU. Oui.

ADOLPHE. Et tout s'est passé?..

DUROULEAU. D'une manière fort pittoresque... Mais qu'êtes-vous venu me dire tantôt, que mademoiselle me préférait à vous?

ADOLPHE. Taisez-vous donc, imbécile !

DUROULEAU. Imbécile !.. monsieur... je vous passe le mot.

JOSÉPHINE. Ah ! c'est de vous encore que provient ce nouvel outrage ?.. c'est vous qui m'avez infligé monsieur ?

ADOLPHE, *à Durouleau.* Elle sait tout... vous m'avez trompé... je ne sais qui me tient...

DUROULEAU. Il ne me manque plus que d'être assommé.

ADOLPHE. Joséphine, je vous proteste...

JOSÉPHINE. Vous avez voulu me jouer... vous avez dit que je vous aimais... Vous aimer... mais un homme tel que vous, on ne le prend pas au sérieux... on s'en amuse... on en rit... Ah ! je vous aime ?... je suis folle de vous, et de M. Durouleau ; ah ! ah ! ah ! monsieur Durouleau.

ADOLPHE. Joséphine ?

JOSÉPHINE. Allez, messieurs, allez !... vous, chez votre femme !... vous serez assez puni ; vous, chez votre prétendue, votre charmante Agathe !

ADOLPHE. Quoi ! elle consentirait ?... Ah ! mon cher Durouleau !...

DUROULEAU. Il m'étranglera, c'est sûr.

JOSÉPHINE. Moi auprès de celui que j'avais trop long-temps méconnu, que j'avais dédaigné, et pour qui !...Cette épreuve m'était nécessaire, aussi j'épouse Léon...Oui, messieurs, je l'épouse... désormais je ne veux vivre que pour lui... mes pensées, mon amour, tout est pour lui, et j'en suis heureuse et fière... car il m'aime, Léon ! il m'estime... et croyez-vous maintenant que l'estime d'un homme si loyal ne me vengera pas de l'opinion de deux hommes tels que vous ?

ADOLPHE. Ah ! mademoiselle...

DUROULEAU. Vous avez fort mal pris la chose.

On entend Léon dans la coulisse.

JOSÉPHINE. Il vient ! ah ! voici l'heure de mon triomphe et de leur confusion !

ADOLPHE. Ciel ! Agathe avec Léon... il lui a parlé pour moi !... ce cher ami !

SCENE XXVIII.
ADOLPHE, JOSÉPHINE, AGATHE, LÉON, DUROULEAU.

ADOLPHE, *sautant au cou de Léon.* Ah ! mon bon, mon véritable ami, c'est à vous que je dois mon bonheur, c'est vous qui l'avez décidée... Ah ! mademoiselle ! ah ! mon très-cher !...

LÉON. Mais je ne comprends pas...

AGATHE, *avec timidité.* Joséphine, un parti se présente pour moi... on recherche ma main ; mais j'ai cru ne devoir accepter qu'autant que tu m'approuverais.

JOSÉPHINE. Eh ! que m'importe à moi !

AGATHE. Est-il possible !... quoi ! tu consentirais ?...

JOSÉPHINE. Et pourquoi m'y refuserais-je ? quels droits me soupçonne-t-on sur ton prétendu ?...

AGATHE. Tu ne l'aimes donc pas, et tu verras avec joie ?...

JOSÉPHINE. Épouse-le ! quand tu voudras... aujourd'hui... dans un instant... Que me fait à moi ce mariage ? Bien loin de m'y opposer, je t'y invite, je t'en prie... et si tu crois que je ne suis pas sincère... tiens, donne-moi ta main, et que je vous unisse moi-même.

Elle prend la main d'Agathe et la met dans celle d'Adolphe.

AGATHE. Que fais-tu ? ce n'est pas monsieur que j'épouse...

ADOLPHE. Qu'entends-je ?

JOSÉPHINE. Et qui donc ?

AGATHE, *montrant Léon.* C'est monsieur !

JOSÉPHINE. Léon ! lui ! il t'aime donc ?

AGATHE. Demande-lui toi-même.

JOSÉPHINE, *à part.* Ah ! ainsi pas un des deux !... Ah ! ce coup est plus terrible que l'autre... car il m'aimait, lui, et il me méprise ; que vais-je devenir ?

Air d'une contre-danse à l'orchestre.

ADOLPHE. Me voilà bien planté !... moi qui pensais être aimé ! Allons, ce que j'ai de mieux à faire, c'est de retourner chez mon oncle.

DUROULEAU. Moi chez ma femme !

LÉON, *à Agathe.* Nous chez le notaire !

JOSÉPHINE, *avec force, et après un moment d'hésitation.* Et moi au bal !

FIN.

IMPRIMERIE DE t^e DONDEY-DUPRÉ, RUE SAINT-LOUIS, N° 46, AU MARAIS.

TABLE DES MATIÈRES.

JULIE , comédie en cinq actes et en prose, par M. Empis.

L'HONNEUR DE MA MÈRE, drame en trois actes , par MM. Boulé et
Rimbaut.

EULALIE GRANGER, drame en cinq actes et sept tableaux , par M. de
Rougemont.

SCHUBRY , comédie-vaudeville en un acte, par MM. P. Duport et Deforges.

L'ANGE GARDIEN, comédie en trois actes , mêlée de chant, par MM. Du-
peuty et Deslandes.

MIEL ET VINAIGRE , comédie-vaudeville en un acte , par MM. Léonce et
Petit.

PAUL ET PAULINE , comédie-vaudeville en deux actes , par MM. Duvert
et Lauzanne.

FEMME ET MAITRESSE , comédie-vaudeville en un acte , par M. Léon
Guillard.